광야를 사랑하는 법

# 광야를 사랑하는 법

김명자 시집

| 시인의 말 |

광야는 멀리 있지 않았다.
빛이 닿지 않는 자리에서
길을 잃을까 두려웠다.

어느 날, 문득
둥근 적막 속에서도
사랑은 피어난다는 것을 알았다.

광야를 환대하는 법에 눈뜨기 시작한 것이다.

침묵의 언어 위로
햇빛이 쌓여간다.

아아 광야,
거기에 나의 눈물을 바친다
내 맥박을, 사랑을

모든 것은 스스로 피고 지며
그 흐름 속에서
나는 다시 빛을 배운다

2025년 11월
김명자

**차 례**

시인의 말  5

제1부
길 위에서 시작되다


눈 오는 날, G선에 젖다  12

거리의 산책자  14

거리의 산책자 2  16

거리의 산책가 3  18

거리의 산책자 4  19

거리의 산책자 5  20

가을밤의 목마  22

월령포구에서  23

거전리에 서다  24

섯알  26

오월이 오면  27

청보리밭에서  30

제2부
광야와 마주서다


갑천 거미   32

하얀 분노   34

버틴다는 것   36

봉인된 태양   38

바람이 사는 집   40

신발   42

어긋난 리듬   44

안개가 서다   45

물빛 형제   46

숨   47

뻘   48

춤추며 강을 건너다   50

제3부
기억이 나를 붙잡는다

그 곁에 머물다  52

소녀의 봄  54

섬집 마당  56

노란 불빛 하나  57

된장꽃  58

엄마의 서랍을 열다  59

수국놀이  60

푸른 망토  61

능소화 아래서  62

허기  64

해미  66

톡  67

테디베어 선인장  68

제4부
사유가 길을 만든다

감태  70

물의 말  71

습지  72

견줄기  73

미늘  74

그날의 8분  76

달항아리  78

남고비에서  80

보굿  81

색을 꿈꾸는 여자  82

꿈  84

살풀이춤  86

시詩  88

한 잎 날다  90

바퀴에 꽃은 피고  92

흰 섬  93

제5부
광야를 사랑하는 법


광야를 사랑하는 법 96

달빛 이름을 새기다 97

노을의 온도 98

꽃숨 블루스 100

숲속의 시집 101

소리꽃 102

발랑발랑 104

환대 106

착지 109

최초의 악수 110

찬란한 처음 112


작품 해설

풍경의 마음을 사색하는 서정시학 | 양병호 115

# 1부

길 위에서 시작되다

# 눈오는 날, G선에 젖다

버드나무 숲에 함박눈이 내린다
카페 문을 열고
진한 향 속을 걷는다

씨앗 같은 커피빈이 부풀고
등박새 울음 같은 힌 빗울
신맛을 삼킨다

에스프레소 한 잔에는
별빛이 피고
라테 향 아련한 기억은
푸른 달빛에 머문다

창가에 흐르는
G선상 아리아는
아드리아를 지나 베네치아로
그랜드캐년 협곡을 넘어
보타닉 정원 불빛 아래
잎맥처럼 스며든다

봄꽃이 피고
새가 울 때마다
작은 위로 하나
갈색 G선에 젖는다

# 거리의 산책자
— 전동성당을 지나며

벚꽃 핀 골목 어귀
호박 옥수수 상추 모종이 줄을 선다
블루베리 묘목에도 봄이 감돈다
성당 첨탑을 드나드는 새
은행나무 그림자가 담장 속으로 스며든다
음악 속에 잠긴 빈 의자와
노란 리본이 낡은 바람을 노래한다

허름한 가게 앞에서 걸음을 멈춘다
핫도그를 한입 베어 문 순간
단발머리 숙이가
주먹만 한 빵을 들고 웃던 얼굴
지금은 파도 소리를 담아 커피를 내린다

어묵과 김밥을 먹는 부부
어린 딸에게 국물을 떠먹이는 다정한 손길
손주 아홉이라는 주인 여자는
떡볶이 국자를 들고 웃는다

"우리 집 양념이 제일 맛있어
손주들이 할머니 떡볶이가 최고래"

그 말 끝에 남은 파스 한 장의 떨림
무심하던 일상이
문득, 위로처럼 스며든다

멀리서 들려오는 말
"넌 모른다니까"
"그래 난 몰랐어"
퇴색한 종소리처럼 메아리친다

거리는 다시 출렁인다
야채를 파는 할머니의 주름
반찬가게 청년의 신발
꽃반지를 내어놓은 좌판 위로
햇살이 서 있는 오후가 숨을 쉰다

## 거리의 산책자 2
— 윤동주 생가에서

한 줌의 햇빛이 모퉁이에 모인다
바람은 북쪽 숲으로 스며들고
새들은 돌에 새겨진 시의 결을 쪼아 읽는다
연길의 먼지를 안고
생가의 문턱을 넘으면
작은 방 불빛 아래
쓰다 만 시 한 편이 작게 떨린다

빈집에는 꺼진 촛불 곁에
아직도 별 하나 머문다
부끄럼 많던 푸른 솔은
긴 순례를 마친 듯 고요하다
푸른 눈빛을 품던 검은 교복
이름표는 상장처럼 빛을 바래간다

들녘은
귀뚜라미 울던 자리에 바람만 서성이고
햇살을 이고 장에 가던
어머니의 그림자가 스친다
저녁마다 어머니를 불러보던 목소리
골목 불빛 아래 먼지가 흩날린다

거리에 쓸쓸함이 내린다
만질 수 없는 소리가
발목을 휘감고
신발을 끄는 소리 사이로
그의 웃음과 시의 숨이 흘러간다

설움도
고독도
그리움도
한 편 시처럼
그 자리에 머문다

뒤채의 가지에 붉은 사과 하나
빛을 품고
오래된 기억에 불을 켠다

# 거리의 산책자 3
― 궁남지에서

비바람이 분다
연잎이 물결친다
새는 깃털을 털며 날아간다

아련한 연향은
보이지 않는 마음을 잡을 수 있을까

연이 피고 진다
빗속 봉오리가 깊은 잠에 든다
꽃잎 속 노오란 연심 하나
또록, 꽃잎에 떨어진다

바람이 일면 청잎은 몸을 일으킨다
웃음은 어디에서 피어날까
마음속 물방울이 미끄러질 듯 다시 앉는다

홍연은 끝내 말이 없고
바람은 무엇을 들었을까
빗방울이 스며드는 저물녘의 숨

## 거리의 산책자 4
— 연화정에서


작은 꿈 하나 연화교를 건너
너의 곁에 닿는다
잎에서 잎으로 옮기지 못한 말을
고요히 접어 문 앞에 세운다
연잎 위 수정 빗망울
하늘과 바람이 너를 비춘다
붉은 꽃이 입술을 열고
떨리는 말을 삼킨다
새벽 바람 스치는 연화정에서
연 향기가 밀려오면
너의 발은 멈추고
고단한 손을 내민다
한 잎 두 잎, 향기가 물든다
비비새 한 마리 서러운 울음을 남기고
빗속을 후두둑 날아간다

# 거리의 산책자 5
— 효자동에서


새벽을 깨우는 가로등이
자동차 붉은 등을 적시며 지나간다
낙엽은 바람에 돌돌 구르고
하이에나처럼 달려가
사자 떼처럼 엉키더니
쉭- 달아난다

안개 속 사람들
보일 듯 보이지 않는 목소리를 감춘다

미움은 잊힌 문장처럼 벽에 걸리고
용서는
묵은 숨 사이에서 풀린다

골목 안 칼국숫집
수천만 가닥의 국수가 삶아지고
국물엔
눈물의 온기가 끓어오른다
김 오르는 그릇 앞에
희미한 얼굴들이 모여들고
말없이 앉은 사람들 사이로

국물은
위로처럼 은근히 지핀다

## 가을밤의 목마

가을이 거리에 쏟아진다
은행잎과 억새가
목마의 어깨를 스친다

어스름 저녁
목마 등에 노을이 비치면
가로등 아래 노란 물결이 흔들린다
발소리가 스쳐가고
전조등 불빛이 도로 위에
빛의 무늬를 남긴다
목마는 노을을 등지고
억새의 울음을 듣는다

가을비가 가늘게 내린다
번쩍이는 전광판 글자를
목마가 바라본다
젖은 물기를 털며
목마의 몸속에 바람이 잦아든다
흩날린 갈기 사이로
불빛이 스며든다

# 월령포구에서

포구 골목 끝
달빛이 전봇대에 걸린다

낮은 집 창가엔 불빛이 새고
선인장 하나 길가 행인을 바라본다
점방 앞 긴 의자에 나방이 맴돌고
빈 자리 고양이 하품이 정겹다

점방 안 노인의 안경은
침잠한 바다처럼 엎드려 있고
빛바랜 액자 속
늙지 않은 얼굴이
그림자 속에 오래 서 있다

해녀의 목소리 어망 장독에 스며들고
불 꺼지지 않은 마당
갯메꽃이 별빛 아래 입술을 연다

잊힌 이름
밤 포구 밀고 나간다

## 거전리에 서다

포구에 별 하나 오래 떨고 있다
갯벌에 버려진 배에 올라
별빛을 바라본다
만선의 배였던가
바다의 기억을 붙든다

바람만 스치는
칠면초 붉은 거전리를 걷는다
아무도 찾지 않는 길
발자국은 멈추어 있다
한때 숲이었으나
갯벌에 뿌리째 버려진 나무 등걸
뿌리였으나 더 이상 뿌리가 아닌 것
떠난 이들이 그림자처럼 서 있다

갯벌 위 흩어진 조개껍질
바다가 남긴 흰 파편
바다를 향해
벌어진 입술이 무엇이 진실인지 묻는다

민가시섬이 갯벌을 바라본다
물이 닿지 않는 경계에서
불어오는 바람을 마주하는 땅
사라지는 자리이자 다시 살아나는 자리
칠면초 붉게 돋아나는
거전리에 서 있다

# 섯알

바람의 둔덕을 오른다
알오름 웅덩이 앞에 발길이 멎는다
한때 동백꽃과 잎은
서로의 그림자였고
잊힌 사람들은 더 이상 말이 없다
새 울음 하나 둥글게 몸을 말고 있다
풀잎 향이 바람에 스치고
쓸려가던 풀은 다시 오름을 감싼다
향불 앞 검정 고무신 한 켤레
바람 속에 멎지 않는 울음이 묻혀 있다
들판의 바람소리 가만가만 듣는다
낮고 초라한 언덕에서
풀잎 끝에 맺힌 바람의 노래를
해송이 품고 있다
바람이 뿌리를 어루만진다

## 오월이 오면

어시장 모퉁이
함지박마다
결박된 몸들이 누워 있다

피멍 든 민어 한 마리
철 이른 얼음 속에
갇혀 있다

핏발 선 눈동자
터질 듯한 실핏줄
삼켜버린 함성 속
소년의 얼굴이 있다

햇살 속에서
바다를 유영해야 할
너

오-
그렇게 쓰러져 갔구나
몸속에 떠도는
피눈물인 채로

오월 아까시꽃 피던 날
트럭에 실린
열일곱 바짓가랑이

붉은 얼룩이 번졌다
꽃 비린내가
온 도시에 진동할 때

트럭은
민어 같은 소년을 싣고
어디로 갔을까

주름진 어머니의 통곡을 두고
흰 블라우스 팔랑이던
여동생을 두고

그 트럭은
어디로 갔을까

핏빛 오월이 오면
은빛 비늘로

햇빛을 털며

소년이 돌아온다

우리가 외면한 그 자리에
우리가 잊은 그 자리에

## 청보리밭에서

보리향 가득한 들에
엄마의 발자국 따라 걷는다

엄마는
등에 아이를 업고
바람을 가르며
보리밭을 건넌다

보리 이삭 끝에
매달린 엄마의 온기

꽃이 남긴 평화가
푸른 생기로
피어난다

# 2부

광야와 마주하다

# 갑천 거미

폭설이 내린 겨울밤
방 B-216에서
거미는 가냘픈 다리로
눈물의 그물을 짓고 있었다

수천의 밤
벽을 오르며
푸른 독이
온몸에 스며들었다

"버텨야 해,
 길들여져야 해,
 행복은 거기 있다고"

수레바퀴 아래
찢긴 울음을
그녀는 삼켰다

닫힌 창틈에
몸을 비비며
작은 털로

슬픈 언어를 새겼다

강물이 노을을 가르듯
어둠은
상처 난 영혼을 감싸고

마침내
거미는
자신의 등 위에
오로라를 밝혔다

* 2021년 『표현』 시부문 신인상 수상 작품.

# 하얀 분노

첫 바람을 타고
어미 곁을 떠난
알바트로스

바다를 날며
먼 미래를 꿈꾼다

바람의 날개짓은
파도를 벗 삼았으나

허기 끝에 삼킨 것은
인간 손에서 흘러나온
욕망의 잔해였다

검은 파편으로
채워진 뱃속
무게로 날개를 꺾는다

버려진 바닷가 돌담 아래서
알바트로스가 누워 있다

침묵은
고발이 되고
눈동자에
하얀 분노가
머문다

# 버틴다는 것


덤불 속 새가 깨어나고
햇살이 별무리처럼 흩어지는 오후
물 위엔 윤슬이 초롱하다
얼음 밑 물결은 잠들고
마른 갈대꽃이
낡은 솜털을 날리며 흩어진다

그때
솜옷을 입은 엄마가 서 있다
목화솜 이불을 깁고
부엌에서 밥 짓던 냄새를
우리 앞에 내 놓던
그 모습이
갈대잎 사이로 옷자락을 붙잡는다

가끔씩 싸락눈이 내리고
뒷산 동백은 떨어져도
갈대의 몸은 밑동에서 다시 돋아난다

뿌리는 흙을 붙잡고
보이지 않은 곳에서

속잎을 밀어 올리며
쓰러진 듯 일어선다

봄-
갈대 새순이 낡은 가지를 두드린다

# 봉인된 태양
— 이집트 왕가의 계곡에서


가면은
독수리와 함께 나일강을 거슬러 올랐을지도 모른다

가면은 말을 이끌고 먼 전장의 모래바람을 건넜을지도
모른다

가면은 지팡이와 채찍을 쥐고 신전의 어둠을 가르며 빛을
세웠을지도 모른다

아내와 개, 군사를 거느리며 모래와 바다를 건너 달과 별을
넘는다
태양신을 꿈꾼다

이제,
가면의 숨결이 들린다
금빛과 청금석 사이
빈 무덤의 공기
왕가의 계곡 햇살
찬란함 뒤,
침묵이 웅크린다

가면은
시간을 건너 걸어나온다

# 바람이 사는 집

둑길 빈 집에 바람이 고여 있다
마른 감나무가 굽은 길 밖에 서 있고
닫힌 대문엔 오래된 편지 냄새가 펄럭인다

물에 잠긴 버드나무 잔가지에
소쩍새 까막까치 노란 나비 무여든다
너울가지는 구름을 데려오고
물결은 남실남실 서로 꼬리를 문다

바람에게 물었다
오빠를 아시나요
감나무 그늘 아래
말없이 오래 서 있던 적이 있다 했다

멀리 떠난 여자가 있었고
어두운 골짜기를 날아오르는 흰 새처럼
삼나무 바람 같은 오빠가 둑길에 서 있었다

대구국과 국수와 감주를 먹고 싶다던
달구워진 양철집 별빛 아래
눈과 가슴이 뜨거워졌다던 그 오빠를 아시나요

저수지에 빗방울이 친다
오리가 목울대를 세운다
고삐를 놓친 문장이 꿈틀거린다

빈집을 등지고 걷는다

# 신발

커피를 내리며
엄마가 말한다

구두를 보면
세상이 다
네 아버지 구두로 보인단다

아침에도
저녁에도
그게 신발을 신고 있는 거다

주말이면 봉안당에 다녀와라
딸인 네가
아버지에게는 신발 아니었겠냐

돌아오면
해진 구두 굽을 갈고
운동화에 햇빛도 좀 신겨라
그것들도 다 식구다

걱정하지 말아라
사는 게 별거 있냐

길 따라 다니다가
풍경 좋은 데
신발 몇 켤레 놓아두면
그게 사는 거다

# 어긋난 리듬

오래된 대문에
햇살 한 줄기 내리면
잡초가 발목을 감는다
어둔 창고 안
천이 바람에 출렁인다
주름진 천은
대양을 항해하는 돛일까
빛이 천을 스칠 때마다
겹겹의 장이 흔들리고
미세한 파문이 번진다
흔들림은 같아 보이지만
조금씩 어긋난 리듬이 숨는다
어제와 오늘의 그림자가
서로의 결 위에 겹치며
시간의 물결을 타고 건너온다

# 안개가 서다

새벽강에 서서
경계 없는 수묵화에 머문다
산의 그림자를
안개가 휘돌면
나타났다 사라지는
선의 무희
은하수 옷자락에 감기듯
빛은 여백으로 스민다
구절초 꽃잎에
안개가 스미면
늙은 소나무는
허리를 숙인다
닫혀 있던 세상
안개 앞에 서면
모든 것이
내 안의 삶이 된다
밝아진 세상이 문 밖으로
나를 밀어내고
뒤돌아서는 길목
따듯한 햇살이
등을 데워준다

## 물빛 형제

비 그친 계곡에 말 울음이 퍼진다
숲 속 은빛 햇살 사이로
두 형제가 물안개를 헤치며 말을 이끈다

구름무늬 파랑 델을 입은 형은
허리띠를 조이며 갈색 말의 목을 어루만진다
노란 델을 입은 동생은
흰 말의 고삐를 잡고 뒤를 따른다

갈색 말은 갈기를 날리며 바람을 쪼개고
동생이 앞서 달리면 형이 뒤를 따른다
물빛은 갈라졌다가 다시 이어진다

두 형제는 채찍을 바람처럼 휘두르며
물길 위를 번개처럼 달린다
멀리 가야 한다고
애타는 마음은 서쪽 하늘로 날아간다

저물녘 숲 가장자리에 이르러
서로의 어깨를 기대고
흰 김 내뿜는 말의 등에
물빛이 내려앉는다

# 숨

다시 한 번
once

1초

문장 하나가
우주를
건졌다

# 뻘

우리는 갯벌로 들어선다
물이 물러나기 전
발끝이 미끄러진다
갯게보다 서둘러 걷는다
갯벌이 부드럽게 발목을 감싸고
진흙이 숨을 토한다
썰물의 목소리가 들리면
갯골은 제 안의 길을 연다
손가락이 흙을 더듬고
게와 새들이 그 길을 따라간다
물고기의 알이 반짝이며 꿈틀거리고
별빛의 숨이 되살아난다

봉인된 다리가
뻘 속으로 가라앉는다
앞뒤로 비트는 순간
몸짓이 일어난다
갯벌을 보지 말고 갯벌을 들으라

우리가 흘려보낸 목소리에
삶의 숨결이 아직 남아있다

갯벌은 침묵 속에서 선다
그 뻘에 서서
생명의 기원을 듣는
바람 귀를 붙잡는다

## 춤추며 강을 건너다

탈춤이 오른다
산 그림자 강물 속으로 내려오는 오후
햇살이 내 몸을 흔들면
나는 볼 빨간 부네가 된다

초랭이와 이매가 판을 뒤집고
너구리와 여우가 슬그머니 웃는다

낡은 짚신의 흙을 털고
바위에 물을 품은
나무가 되어 선다

아, 위버멘쉬

웃음으로 춤추고
눈물로 춤추고
춤추며 강을 건너간다

# 3부

기억이 나를 붙잡다

## 그 곁에 머물다

감나무에 새순이 오르면
아내는 장독에서 간장을 길어왔다
풋열무 위로 밥 한술 얹자
붉은 꽃잎이 담장으로 들어왔다
아내는 매실을 갈아
작은 환을 빚었다
알갱이마다 바람이 들고
여름이 베어들었다

육십 년을 함께 견딘 부부
서로 다른 병실에 누워
손끝은 닿지 못한 채
서로의 창을 바라보았다
아내는 남편을
남편은 아내를 걱정했다

어느 날 아내가 전화를 걸었다
 여보, 잘 계시오
 금방 갈 테니
 밥은 꼭 챙기고…

소리는 멀어지고
거친 숨결이 검은 현으로 울렸다

아내가 떠나던 날
남편은 집 앞 휠체어에 앉아
벚꽃이 흩날리는 길목에서
울음의 숨을 삼키다가
새 한 마리 되어
아내 길을 따라 날았다

사랑은 어쩌면
함께 늙어간다는
서러운 약속\*

꽃이 그러하듯이

\* 나희덕, 「그리운 곳은 멀지 않다」, 부분

# 소녀의 봄


옛 성문 터에 밤새 눈이 내렸어
주먹을 불끈 쥔 소녀의 고백을
굴뚝새가 어깨 위에서 듣고 있었지
살구꽃 피던 고향집은 아직 따뜻했는데

열다섯 순이 이유도 모른 채 군인들에게 끌려갔어
트럭에 실리고 기차에 태워져 낯선 땅에 내려졌을 때
그곳에는 또래 소녀들이 붙잡혀 있었어
하나꼬 요시꼬 미즈꼬
모두 이름을 빼앗긴 채 사자동굴로 밀려들어갔지

짓밟혀 다리가 부러졌고
몸에 꽂힌 주사는 살을 파고들었어
사자들이 방에 들어와 말했어
"말을 들어라 죽기 싫으면 시키는 대로 해라"
칼끝이 배를 찔렀고 아이는 파편처럼 흩어졌어
도망쳤다 붙잡혀도 도망쳤다 더 멀리 바다를 건넜지
살려고 어떻게든 살려고 나무껍질을 갉아 먹었어
총살당한 친구의 피가 다리를 타고 흘러내렸어
무서웠어 눈을 감고 버텼다 집으로 돌아가고 싶어서
치욕을 견디며 쇠꼬챙이가 몸을 지져도

나는 살아남았어

굴뚝새가 순이의 손 위로 살포시 앉는다
순이야, 눈이 내린다 새벽이 오고 있어
사람들이 너를 기억해

순이야, 별을 봐
나비 떼가 하늘로 날아 올라
순덕이 상희 금주
이제 별이 되어 너를 비추고 있어

눈은 소녀의 손 위에 내려앉아
모든 것을 덮는다
말하지 않아도
흰빛이 깃든다

## 섬집 마당

햇살이 색칠하는 노둣돌 집
수선화 지고 작약 핀
골목에 이르면
마당가엔 호미질 소리에
하루가 기운다

금잔화 위로 달빛이 피면
안방 문 나뭇잎 속으로
낡은 그림자 어룽거리고
멀리서 개 짖는 소리,
바람도 새도 드나드는
헐거운 문고리가
밤을 연다

하늘엔 밤바다의 소식을 전하듯
은방울별이 총총거리고
아침 해는 여명을 통과하고
백합 미역국과
조기간장조림 냄새가
담장을 넘는다
섬집 마당엔
바다를 품는 생이 있다

# 노란 불빛 하나

어스름 저녁
나는 바닷가를 서성인다

비바람에 쓰러질 듯
비틀거리는 노란 등대
나와 함께 흔들리며
포구를 비춘다

등대는
프로메테우스가 불을 건네듯
바다 위에 빛을 내리고
바람 속에서 몸을 세운다

살아내야지 살아야지
나는 바람을 껴안고
새벽별 박힌 눈빛으로
어둠 속에서 걸어나온다

노란 불빛 하나
뒤로 물러서서
새벽까지 지키고 있다

## 된장꽃


마을이 익는다
장독대에 눈발이 소복이 쌓이고
기와골에 가래떡이 하얗게 숨을 쉰다

양파망 속 메주 붉어지고
독 안 된장 적요하다
한 줌 된장 안
묽은 눈발이 흩날리고
검붉은 숨결이 피었다 진다

바람 몇 줌
햇살 몇 줄
폭설 몇 겹 엮인 굴비 비늘은
만선의 봄을 기억하며
꽃알갱이로 피어난다

하얀 수건이 바람에 흔들리고
씨간장 우물 속에서
작은 불꽃이 일어난다

된장꽃 하나,
피고 있다

# 엄마의 서랍을 열다

엄마의 빈집을 바라본다
금목서 향기 날리던 마당
장독대 곁 붉은 장미가 피어오르던 집

엄마는 어디에 있는가
식혜에 퍼지던 웃음
감나무 그늘 아래서
무릎 베고 듣던 바람
지금 어디 숨었는가

빈집을 돈다
발등 덮인 햇살에
엄마는 떠난 것이 아니라
집이 나를 품는 방식으로
내 안에 살고 있음을 안다

서랍을 연다
덖은 차 향이 오래된 저녁처럼 번지고
그 서랍 속에 나도 살고 있다

## 수국놀이

꽃잎 따서
물 위에 띄우니

나비였다가
토우였다가

햇빛 따라
빙글 돌며
흩어졌다
모아진다

무대 위
K- 팝 아이돌
빛날개를 편다

# 푸른 망토


투탕카멘 묘지 위로 구름이 머문다
모래에 잠긴 봉분 속
황금 가면의 왕은
모래바람만 드나들었다

먼지 너머
그의 눈은 끝내 무엇을 붙잡으려 했을까

젊은 비평가 묘비 위엔
얼룩말 무늬가 얽혀 있었다
남기지 못한 문장은
검은 줄과 흰 줄로 갈라져
묘지 곁을 맴돌았다

나 또한 언젠가,
묘지 한 귀퉁이 얻게 된다면
이슬 맺힌 에델바이스 곁에서
교향곡 5번 배를 타고
푸른 망토를 두른
하얀 바람이 되고 싶다

## 능소화 아래서

햇살이 파초를 어루만진다
흰 담벼락에 핀 능소화가 하늘에 이마를 댄다
초록 가방을 든 그녀
능소화가 먼저 손을 내민다
모자를 눌러쓴 채
꽃 앞에 선 그녀의 옷자락 바람이 스치다
성당 앞 배롱나무가
질투 섞인 눈빛으로 바라본다
담장을 타고 내려오던 능소화
세상으로 내려온다
내려오는 것은 피는 일
다시 올라가는 것은 이별일까
고독과 환희의 꽃잎 위로
그녀의 웃음이 여름을 물들인다

골목 담장 아래 능소화가 오른다
작은 집이 여명처럼 출렁이고
주황 물감이 지붕을 감싼다
하얀 토끼가 먼저 마중 나오는 집
웃음이 새어나오는 마당에
꽃과 문장을 가꾸는 그녀가 산다

꽃잎 같은 미소
책장을 넘기는 손끝마다
문장이 핀다
능소화는 담을 타고 달빛을 품는다
저물녘 골목에 꽃등이 켜지면
새들이 잠을 뒤척인다
마당에 고요가 내려앉고
의자에 앉은 그녀의 어깨 위로
달빛의 손길이 닿는다
서로 등에 기대어 만발한다

# 허기

카메라를 메고 바다에 갔다
밤새 뒤척이던 물이
수평선 너머로 새떼를 몰고 간다
갯벌은 연미복을 차려입고
풍만한 갯고랑을 연주한다
짱뚱어가 지느러미를 치고
흰발농게는 재발발거리며 들락거린다

대나무 말뚝
검은 선의 침묵이 바다 속에 박혀 있다
렌즈에 장착한 필터가 무지개를 새긴다
4분의 정적이 물결을 쌓고
허공을 나는 타이머가 몽환적이다
- 슛
검은 선이 허상을 하얗게 드러냈다

타이머는 제 길을 떠났다
나는 여전히 허기졌다
노력하지 않은 손
쉽게 얻으려는 눈빛
그것이 얼굴이었다

흰 새가 돌아온다
허기의 가방을 비운다

# 해미

대문 앞에서 초인종 줄을 당겼어요
햇살에 실눈 뜨던 꽃들이
얼굴을 부비며 말을 걸어왔지요
그때마다
붉은 꽃잎이 흔들리던 마당의 아침
서른 해 넘게 머물던 따뜻한 손길이 떠올랐어요
밥상 위에 스며 있던 웃음
거실 책장 사이의 바람
잘 다려진 옷의 냄새
저녁마다 퍼지던 온기까지
그 손이 머물던 자리였지요
이젠
방아잎 마른 줄기만 남고
새벽 신발 끄는 소리도 들리지 않아요
미나리 숙회는 향을 숨기고
마루 끝엔 바람만 드나들어요
모든 걸 서두르지 않던 두 손
그 손이 있었던 집은
햇살이 되어
나를 길러낸 해미가 되었지요

# 톡


땅속의 어둠이
숨을 튼다

맥문동 꽃알갱이
고요를 삼키고

톡

흙을 밀치며
보랏빛 맥박이 일어선다

작은 꽃
말의 씨앗이
돋는다

톡

# 테디베어 선인장

서부로 향하던 날
황무지를 달리다
곰을 닮은 선인장을 보았다
둥근 발로 땅을 누르고
은빛 가시를 두른 채
바람을 품어
햇살을 이마에 얹고
작은 꽃을 틔웠다
라디오에서
호텔 캘리포니아가 흘러나왔다
곰을 닮은 선인장들이
어깨를 들썩이며
태양 아래서 춤을 추었다
메마른 마음 한켠,
무언가가 꿈틀거린다
위로일까,
사랑일까

# 4부

사유가 길을 만든다

# 감태

갯바위를 건넌다
바다는 햇살을 감아 밀려와
바위의 살결을 어루만진다

초록 비단이 일렁인다
파도는 젖은 비단을 스미듯
끝내
바위를 감싸 안는다

물살을 견디고
붙드는 것,
그것을
마음이라 부른다

고요히,
그러나 또렷하게

나는 그것을 감태라 부른다

말보다 오래 남은
바다의 마음

# 물의 말

물속을 들여다보면
피라미 한 마리가 재재발발거려요
바위틈과 이끼 사이
허연 배가 공중제비치듯 지나가는데
지나온 시간이 강물 속에
붉은 그림자처럼 어룽거려요

물 위에 한 여자가 보여요
수초와 꽃에 둘러싸인 오필리아는
저물어가는 몸짓으로
숨죽인 노래를 바치고 있는 걸까요

밤새 고여 있던 울음을 데리고
흐르는 것은 머물지 않고
소유하지 않는 강물이
자갈 위를 굴러갈 때
그건
슬픔의 소리일까요
다시 시작하는 숨결일까요

# 습지

습지가 깨어난다
팔색조가 마중 나오고
고목 위 이슬이 빛의 혀를 세운다

자작나무 흰 등걸과 등걸 사이
얕은 물가에 작은 것들이 꿈틀거린다

무명 오케스트라가 연주를 시작하면
습지의 하루가 열린다

진달래 버들강아지 수련 꽃창포 황새 고니 저어새
고라니와 삵이 노래하는 습지

그곳에 머물고 싶은 마음이 파랑되어 넘실거린다
나는 그 자리에 머물고 바람은 마실 다니기 바쁘다

초록의 습지가 흔들릴 때
그 떨림 속에서 나도 다시 살아난다

# 견줄기

겨울 숲에 플라타너스 한 그루
잔설마저 떠난 빈 어깨 위에
마른 잎사귀 하나가
다음 계절의 문을 연다

몸에 새겨진 옹이는
흉터가 아니라 세월을 꿰맨 결
시간의 발톱이 스쳐가도
뿌리를 놓지 않는다
넘어진 자리마다 결이 돋아나고
저무는 하늘 뒤편에서
빛의 줄기를 밀어올린다

나무가 아니지만
나무보다 깊이 서서

수액 같은 침묵으로
바람의 무게를 견딘다

그 줄기,
새싹을 밀어 올린다

# 미늘

층층나무 잎마다 바람 소리가 맺힌다
푸른 숲 어귀, 물총새가 날아와 길을 열면
순례가 시작된다
전나무 가지는 날개를 펼치고
돌담 위 데이지 한 송이 환해진다

버스에서 사람들이 내려
가방을 메고 이름표를 걸고 성지에 들어선다
종소리가 울리면
모두의 귀가 잠시 멈춘다

"사랑할 때가 많습니까?"
신부님 물음에
사람들은 고개를 끄덕이며 웃는다
그 웃음이 얼마나 어려운지
다들 안다
아무리 애써도 닿지 못할 때가 있다

그 순간
모두 고개를 숙인다
그 질문이 곧 자기 마음의 소리임을

누구보다 잘 알기 때문이다
우리는 다른 언어로 미소를 나누지만
정말 이해하고 있는지 확신할 수 없다
다름을 품는 이들은
같은 노래를 부르고 함께 손을 모은다

사람들은 가방을 열어 쟁여온 짐을 내려놓는다
허기의 짐 원망의 짐 허탈의 짐 사랑의 짐
풀어놓은 마음이 햇살에 젖어간다
함박꽃 핀 성소에도,
작은 연못가에도,
수레국화 핀 잔디밭 길목에도
중요한 건 짐을 내려놓는 일이다

오월의 오후
햇살 아래 노모 휠체어를 미는 아들의 뒷모습
절룩이는 할머니 발등
그 발걸음을 따라 걸으면
우리는 함께 걷는다
서로 빛줄기 아래서 겹쳐지고 숨이 고요해진다
작은 미늘 하나 반짝인다

# 그날의 8분

초록 등대에 불이 켜지면
갈매기가 바다를 내려다본다
바람은 파도를 휘감으며
거품을 흩뿌린다

포말이 스러지고
갯돌 위 삼각대가
바람을 붙잡는다

8분 동안
셔터는 빛을 모은다
물결의 거침과 부드러움 사이
어떤 형상이 태어날지 기다린다

시간은 흐르고
파도는 부서진다
밀려온 빛이
묵화로 피어난다

반쪽 노을이 낡은 밧줄에 기대듯
마음의 붓질은

비틀린 결 위에
빛 한 줄기 놓는다
초록 불빛 하나
숨을 고른다

# 달항아리

물레에 앉은 햇빛이 산벚꽃이다

두 개를 빚어
하나 위에 또 하나를 얹으면
주름진 몸에 잔물결이 인다
보름달이 차오르면
가마는 입을 열고
칠흑을 밀어내며
푸른 혼의 불을 지핀다

불의 혀가 춤추고
붉은 달빛이
울음을 터뜨리면
흰빛 언저리에
별빛이 물결처럼 찰랑인다

굽은 길과 비탈진 고개를
닮은
얼룩진 마음이
달항아리의 살결로 미소 짓는다

나는 너에게 불을 건네고
너는 나에게 달을 주었다

매끄러움과 투박함 사이
이그러지면 채워지고
채워지면 다시 비워지는
작은 우주
흰빛의 꽃
달빛 품에 깃든다

# 남고비에서

보이지 않는
바람의 끈에 이끌려
광야 위에 선다

묶여 있던 기억들
황혼을 열고

출렁이지 않아도
물결은 깊다

사구는 바람에 흔들린다

나
또한
늘
흔들린다

# 보굿

줄기의 주름을 더듬는다
세월에 시달린 허물을 벗고
남루한 울음이 내린다

바람의 맥박 소리가
나무 옆구리를 열고
작은 벌레 하나
바스락거린다

순간
스며든 줄기 빛결을 따라
사라졌다 다시 나타나고
밝아졌다 이윽고 어두워지는
생의 궤적

다 벗지 못한 무늬가
껍질의 문을 미는 나무
나도
한
겹을
깰 수 있을까

겨울 새가 녹턴 한 소절 물고 간다

# 색을 꿈꾸는 여자
— 천경자

　도시에 목이 긴 여자가 있었다. 붉은가슴울새 눈매, 그림자 같은 터번, 호피무늬 옷을 걸치고, 자신을 꽃처럼 피워내던 여자. 방 안엔 안료 냄새가 가득했다. 아이를 낳고 사랑하고 가족을 잃고 이별을 겪었다. 눈물 속에서 꽃과 나비가 날았다. 그녀는 그림과 함께 세계를 여행했다. 색채 마술사처럼 자신을 그 안에 스며들게 했다. 햇살이 허둥대던 오후 팔레트를 열고, 나를 채색의 식탁으로 초대했다. "전설처럼 흐르는 한 여자 이야기, 뱀과 꽃과 여자는 내 분신이야." 그 목소리는 붓끝에서 흘러나온 문장 같았고, 몽환의 색 안에 깊은 음성이 숨어 있었다. 타히티 여인들의 눈빛을 사랑했고, 아프리카 초원을 달렸으며, 미모사 향기 속 수녀 테레사를 안았다. 때때로 묻곤 했다. "은전아 잘 있었니?"

　그녀는 헤밍웨이를 좋아했다. 황혼녘마다 탱고의 리듬에 몸을 실었다. 벗은 몸으로 바람 부는 들에 앉아 꽃과 여인이 피어나길 기다렸다. 거칠게 붓을 움직이는 겹과 겹 사이에서 고통과 환희를 길어냈다. 그것이 삶의 가장 진한 무늬였다. 황혼이 피고 지던 날들, 그녀는 꽃을, 꿈을, 환상을 그렸다. 그리고 자신을 사랑한 여인의 노래가 되었다. 초원의 야수를 가진 여자, 절망을 가진 여자,

눈물을 가진 여자, 여자를 품은 여자, 그러나 누구도 가질 수 없는 여자, 그녀는 지금도 색을 꿈꾼다.

# 꿈

흰 방에 남자가 누워 있었다
여자는 그 곁에서
피오르드 호수를 나는 새를 위해
고통의 매듭을 풀고 있었다

현실은 새벽달처럼 서늘했고
문은 더욱 굳게 잠겨 열리지 않았다
남자의 손은 차가워지고
여자는 다짐했다
이 어둠을 견뎌내리라

자식들이 춥지 않기를
햇살이 다시 식탁에 앉기를
여자는 조용히 기도했다

세상은
푸른 풀밭으로
바람도
하늘도
그도 데려갔다

부재는
사라짐이 아니라
또 다른 존재라는 것을 남긴 채

그는 푸른빛을 건너
초록빛 꿈이 되었다

# 살풀이춤

쪽진 머리가 합장하고
치맛자락이 바닥을 스치면
바람이 수건을 들어 올린다

자진모리 장단에
여인을 춤을 시작한다
옷고름은 나풀거리고
버선코엔 초승달이 걸린다
붉은 방울이 흔들릴 때
등대 불빛이 깜박인다

흰 돛이 바다를 지나듯
수건이 공기를 가르고
치맛자락과 수건을 쥔 채
먼 바다를 바라보던 여인
휘돌다 멈춘다
시간이 숨을 고른다

숨을 내쉬며 무릎을 굽히고
팔을 내리며 어둠을 덮는다
숨을 들이쉬며

빛을 들어 올린다

춤선이 달빛을 흔들고
그 흔들림이
새벽을 깨운다
은빛 물결이 포개지고
갯메꽃 하나
바다의 심장 위에 핀다

# 시詩

너

를

만

나

면

바람이 분다 나무가 몸을 뒤척인다 뿌리 깊은 나무가 돌아온다

꽃잎과 햇살이 숲에서 부딪히고 새들이 노래한다 심장이 깨어난다

복수초의 얼굴이 숨을 고른다
은사시나무, 우우우-
천 개의 바람이 일어나 훨훨 날아간다

서래봉 웃음소리 단풍에 번지고
밥을 비벼 먹으며 산길을 오른다

자전거가 은빛 물결을 달리고
멀리 한 발로 선 백로가 고개를 접는다

카페테리아에서 커피를 마시며
『Marquis Who's Who in the World』\* 한 줄에
너의 별을 새긴다

선인장 향이 시체스 하늘로 번지고
별빛이 내 이마에 스민다

\* 『Marquis Who's Who in the World』 : 세계인명대사전

# 한 잎 날다

내소사에는 오래된 신이 머문다
야생초는 돌 사이를 비집고
분청의 온기는 처마 끝에 매달린 채
낮은 호흡을 이어간다

벚꽃은 귀를 기울인 신의 손처럼
가지 끝에서 부풀어 오르고
팽나무를 휘감은 오색천이
기도의 결을 흔들어 놓는다

마당 한켠 그림자 속
풍경소리 잠든 마음을 두드리고
섬돌에 앉아
먼 산의 침묵을 바라볼 때
꽃잎 하나 반달이 되어
속눈썹 위에 내려앉는다
새털구름 한입 물고
바람결에 씹히듯 사라진다

방하착 放下着
내려놓으라는 그 말이
햇살 아래 떨리며 맴돌 때

현호색 한 잎 날개를 편다

# 바퀴에 꽃은 피고

한적한 바닷가에서
폐타이어 몇 개 몸을 웅크리고 있다
한때 불꽃처럼 거리를 달리던 몸들이
지금은 모래밭에 박혀
파도를 막는 방파제가 되었다
태양은 쏟아지고
검은 타이어는 물결이 스칠 때마다
욱신거리는 상처를 새기고
길 밖에 머문 기억을 삼킨다
흰줄고래가 수면을 후려치면
촤르르, 파문이 흩어지고
낮의 고요가 물속으로 접힌다
이제 바퀴는 달리지 않는다
파도와 숨을 고르며
노을 속 그네처럼 흔들린다
바다를 걷는
바퀴 위에
해당화 한 송이 핀다

# 흰 섬

눈꽃 내린 호수
산의 그림자 위로
흰 뼈의 노래가 흐르고
붕어는 잠들고
운무는 숨을 고른다
눈 내리는 밤
그 노래는 어디쯤 잠들었을까
언젠가 다시 깨어나
섬을 흔들고
누군가의 눈빛에 닿을 수 있을까
고요
흰 빛이 내려 앉는다

# 5부

광야를 사랑하는 법

# 광야를 사랑하는 법

돌개바람이 고비를 휘감는다
별빛은 어둠의 골짜기로 사라지고
나는 사막의 문을 다시 연다
해질녘 바람이 구름을 몰아가고
구름은 사막에 빛과 어둠을 갈기처럼 펼친다

낙타를 끄는 말잡이와
능선을 오르는 무리를 본다
사구를 오르며
발길이 모래 길을 가르고
모래 길은 다시 발등을 덮는다

길 위에 또 다른 길 앞에 서서
그대의 사랑의 깊이를 걷는다
사랑은 기억 속에서 익는다

이제 나는 배운다
그대 없는 광야를 사랑하는 일이
곧 그대를 사랑하는 일임을
고비 바람이 등을 밀면
그대가 내 가슴에 안긴다

# 달빛 이름을 새기다

큰 붓 하나가 거리에 세워지고
창문 앞 의자엔 겨울볕이 앉는다
담배 연기는 안개로 피어나고
그 집엔 빛의 먼지가 고요히 쌓인다
검은 나비 한 마리
낡은 종이 위에 살며시 내려앉는다
가난한 몸짓으로 글자를 저미며
언어를 새기던 그 순간,
작은 웃음이 입가에 맺힌다
다시 찾은 날
겨울 갈대 같은 손으로
책 한 권 기도문 액자 하나를 건넨다
그 손끝에서
비와 나무와 말들이 꿈틀거린다
매창의 노래 새기던 그 집
달빛이 이름을 불러낸다

## 노을의 온도

바닷가 의자가 등을 감싼다
여름을 마주보며 오래 기다리던 석양빛
구름 틈을 뚫고 터져 나오고
바다는 그 빛을 둥글게 삼킨다
곁에 선 그림자
발끝에 빛이 모여든다

기슭은 서서히 어둠에 잠기고
태양이 바다에 스며드는 건지
바다가 태양을 품은 건지
노을은 빛과 어둠이 서로를 물들인다

기울어진 수평선은 바람에 흔들리고
물결은 그 선을 밀어낸다
울음 삼킨 해를 손끝으로 어루만질 때
뒤엉키던 파도가 잦아들면
바다와 하늘은 서로의 숨이 된다

저무는 빛이 얼굴마다 스며들고
파도는 말을 지운다
눈빛만 남는다

노을 온기가 서로를 덮으며
밤을 건너간다

## 꽃숨 블루스

강은 별을 따라 흐르고
삼례천을 굽이돌아
동진강과 어깨을 맞댄다
갈바람 옷자락에
바다 울음이 스며든다
흙 한 줌,
바다 한 줌인 들녘
철새의 날개가 펼쳐지면
꽃숨은 고래를 몰고 온다
비바람 이는 대교 위에서
바다를 가르는 노래를
숨처럼 부른다
저 너머
하늘은 어디까지고
바다는 어디까지인지
빈 들에 서서
길 있는 곳에서
갈 수 없는 길을 바라본다

## 숲속의 시집

자작나무 숲이 방 안에 들어와 앉아요

겉장만 드러낸 책이 은빛 나무로 서 있어요

먼지 앉은 시집 한 권이 무표정하게 바라보네요

스탠드 불빛은 사진 속 웃음 위에 눈인사를 하고

전화기 옆엔 새소리 하나 웅크리고 서랍 속 낡은 악보는 늙어가요

피크닉 바구니 속 웃음 한 장이 거울에 비추고

늑골 고인 블라우스가 저울에 놓여 있어요

놀라지 마세요

천사가 커피를 내밀어요

숲속의 시집에는 이 녀석이 퉁치고 앉아 있거든요

## 소리꽃

오래된 절터 돌담 아래
모래와 불 사이에서
숨결 같은 우주가 뒤척인다
침묵의 거푸집 속에서
자음이 서고
모음이 뛴다

혈관처럼 뻗는 나무가
활자의 몸을 키운다
활자는 바다를 건너
돛을 단 언어에 스민다
포도나무 끝에
문자 등불이 피고
세상이 열린다

새벽,
아이의 울음이 터지자
하늘이 물들고
아에이오우 -
첫 소리가 솟아
자모가 날아오른다

직지 앞에 서면
눌린 시간이 문장으로 숨을 쉰다
자모의 길 따라 꽃빛이 물들고
문장 속에서
소리꽃이 피어난다

## 발랑발랑


섶섬이 보이는 서귀포에 오면
벵에돔 지느러미가
발랑발랑*

이중섭 화폭에서 걸어나온
아이들 웃음소리
발랑발랑

골목 담벼락에도
깅이** 가 뛰어오른다

술은 내가 마시는데
바다가 먼저 취한다
시인보다 먼저 취한 바다,
발랑발랑

밤의 폭포
흰 물살과 어둠이 부딪치며
함께 가자고
함께 노닐자고 속삭인다

귤꽃이
발랑발랑 피어난다


* 발랑발랑 : 가볍게 흔들리는 모양, 출렁이는 상태의 제주도 방언
** 깅이 : 게의 제주도 방언

# 환대

싸락눈 스치는 골목
겨울이 한지결에 스며 있고
지우산 제작 시연 날
짐을 나르던 아버지가
대문을 밀고 들어온다

불빛 아래
윤이 흐르는 칼자루
말린 한지에 스민 모과 향
안경 너머 세월은 깊고
아들은 아버지와 마주 앉아
댓살을 깎고 풀을 바른다
커튼에 비친 주름 더 깊어 보인다

무대 위에서
아버지는 손끝으로 바람을 고르며
댓살에 풀을 칠한다
붓은 돛을 달고 운다
빙빙 돌고 쓱쓱 스치며
떠나왔던 바다를 다시 건넌다
댓살이 돌며 숨을 잇는다

아들의 아버지가 그러했고
그 아버지가 그러했듯
세상은 울어서는 아니 된다고
조용히 말한다

아버지는 우산 기둥에 홈을 파고
뼈대를 짠다
붉고 노란 실이 대와 대를 잇고
작은 숨구멍 사이로
바늘이 지나간다

지우산은 낮에는 지평선을 펼치고
밤에는 달로 피어난다

아들은
아버지의 등 닮은 뼈대에
한지를 붙인다
텅 빈 항아리 같은 마음
그 안에 광풍을 들녘으로 내보내며
실핏줄 모인 강이
대양으로 번져간다

아버지의 손이
아들의 손등 위에 놓이고
아들의 손이
그 손등 위에 포개진다

그 순간,
목련 한 송이 열리고
꽃잎 아래 초록이 번지며
대나무가 몸을 일으킨다

펼쳐라-
환대의 꽃이여

# 착지

하늘을 날던 왜가리가
물 위에 내려앉는다
참새의 발끝은
전깃줄 위에서
한 치 어긋남 없이 멈춘다

호수에 스미는 빗방울과
나무에 포개지는 함박눈
닻머리에 앉은 갈매기는
흔들리는 바람을 타고 착지한다
별빛과 달마저
지친 이의 이불 위에 스며든다

글자마다
문장마다
거미줄 선율을 따라
조심스런 발끝으로
시의 결 위에 닿는다

결국 모든 것은 자기 자리로 돌아온다

## 최초의 악수


느티나무 모퉁이를 돌면
시의 첫 행처럼 바람이 불어온다

낡은 대리석 위를 스치는 손끝,
이름 없는 별들이 그 위에 잠든다

오래된 골목의 시간은
빛과 그림자를 번갈아 품고
누군가는 그 속에서 길을 읽는다

새벽은 어둔 하늘을 일으켜 세운다
하늘은 어디까지 내려올 수 있는가

비는 여전히 내리고
찾는 이 없는 길에
거미줄이 반짝인다
나비가 젖은 몸을 턴다

누군가의 시가 흙 속에서 깨어나는 아침
허물어진 돌담 사이로
작은 그림자가 지나간다

그 길 위에서
우리가 나눈 첫 인사가
어둠을 밀어낸
최초의 악수였다

## 찬란한 처음

  밤바다에 왔어요 밀물이라 우기면 썰물이고 썰물이라 하면 밀물인 그 모순 많은 바다에 왔어요 어둠이 뭉친 해변을 조심조심 걸어요 맨발로 걷는다는 것 한 번도 상상해본 적 없어요 날카로운 조각들이 발바닥을 찌르면 어쩌죠 양말 한 짝을 벗어 모래에 살며시 얹어요 발가락 사이로 물이 스며요 간질간질 내 심장 깊은 곳에 파문이 일어요 다른 쪽 양말도 벗어요 두 발을 나란히 모래 위에 뉘어요 파도가 발등을 툭 치고 도망가요 망설임이 물처럼 빠져나가요 나를 흔들던 물결이 발바닥에서 깨어나요 부드럽게 나를 달래줘요 발바닥이 따끔해요 발끝에서 피가 돌아요 치맛자락 펄럭이며 나는 긴 그림자가 되어 모래와 물의 경계에 서요 그 자리에서 발이 울어요 밤하늘 별빛이 오래오래 신호를 보내요 양팔을 벌리고 하늘을 향해 숨을 깊이 들이켜요 밤바다가 처음처럼 웃어요

작품 해설

김명자 시집, 『광야를 사랑하는 법』 해설

# 풍경의 마음을 사색하는 서정시학

양 병 호
전북대학교 국문과 명예교수

> 풍경은 마음의 한 상태를 나타낸다
> Henri Frédéric Amiel

인간은 본다. 바라본다. 풍경을 바라본다. 세계와 만난다. 세계 속의 존재들과 조우한다. 세계 속에 자아를 편입한다. 보는 행위를 통해 세계내존재가 된다. 보는 행위는 현실 속의 자아와 만나는 과정이다. 세계와 존재가 화응한다. 존재와 세계가 대화한다. 존재는 풍경을 바라보며 세계를 정탐한다. 세계는 존재의 시선에 따라 규정된다. 바라보는 시선에 포착된 사물은 존재로 부상한다. 바라보지 않은 사물은 부재로 침잠한다. 풍경은 바라보아야만 존재한다.

시 혹은 미술에 재현된 풍경은 바라보는 사람의 시선에

의해 구도와 색채가 결정된다. 바라보는 사람이 주체가 된다. 보임을 당한 풍경은 객체가 된다. 풍경은 그냥 매급시 존재한다. 아니다. 풍경은 선택받기를 기다린다. 바라보는 주체가 풍경을 선택한다. 바라보는 사람의 시선이 가닿아야만 풍경은 비로소 존재한다. 풍경은 바라보는 사람의 시선에 따라 의미와 무의미가 결정된다. 바라보는 사람과 풍경은 서로를 그리워한다. 서로의 만남을 갈구한다.

풍경은 불언지교不言之敎이다. 노자가 말했다. 풍경은 바라보는 시인에게 스며든다. 풍경은 바라보는 시인의 마음이 그려낸다. 언어로 그려낸 시의 풍경은 기실 마음의 경치이다. 시의 풍경은 시간이 기억하는 광경이다. 시의 풍경은 바라보는 시인의 체험이 용해된 장면이다. 시의 풍경은 실재와 환상이 혼용된 가상현실이다. 시인은 언어로 풍경을 그린다. 시인은 시간과 체험과 기억과 현실과 상상과 공간을 버무려 마음을 그린다. 그리하여 풍경인문학이 성립된다.

이렇게 서두에서 "풍경"에 대해 집중하는 이유는 김명자 시인의 시집 『광야를 사랑하는 법』이 풍경인문학의 범주로 설명 가능하기 때문이다. 시인은 시선에 포착된 "광야"의 풍경을 활용하여 마음을 그린다. 시인은 광야의 풍경을 응시한다. 아니 풍경을 포획하기 위하여 광야를 산책한다. 광야를 배회한다. 광야를 방랑한다. 광야를 질주한다. 그는 수준 높은 방랑자이다. 풍경에 마음을 투사할 줄 안다. 풍경을 직시하고 변용할 줄 안다. 방랑 중에 포착된 장면 혹은 경치는 풍경을 구성하는 질료가 된다. 시인은 즐긴다. 기꺼이 마음의 풍경을 그린다.

　이 시집의 목적어 "광야"는 풍경을 제공하는 원천이다. 광야는 드넓은 들판이다. 기본적으로 자연을 의미한다. 시인은 광야를 사막, 바다, 골목, 마을, 섬, 집, 거리, 강, 카페, 산, 밭, 시장으로 변주한다. 시인이 산책하고 방랑하며 만나는 모든 공간이 광야로 수렴된다. 달리 말하면 광야는 현실이자 몽상이다. 광야는 빛이자 그림자이다. 광야는 추억이자 미래이다. 광야는 기쁨이자 슬픔이다. 광야는 지옥이자 천국이다. 김명자는 광야를 배회하며 자아를 확인하고 존재를 사색한다.

　시인이 그리는 마음의 풍경화는 눈에 보이는 자연의 묘사를 넘어 시간과 기억과 감정의 풍경을 담아낸다. 그는 기본적으로 동양의 고전시학인 선경후정先景後情을 변주한다. 풍경을 묘사하면서 동시에 마음을 섞어 버무린다. 예컨대 실재와 감정을 혼용하여 서정을 성취한다. 그는 마주치는 풍경에서 지나온 시간을 기억하고, 현실의 모습을 재구성하며, 다가올 미래의 초상을 몽상한다. 나아가 김명자는 풍경에 잠복한 소시민의 조촐한 삶과 지나온

역사의 광경을 재현하고 의미를 부여한다.

시인이 주목하는 광야는 과거, 현실, 미래의 풍경이다. 그는 풍경 속에서 실존의 권태와 우울과 실의와 절망을 읽어낸다. 그래서, 그렇기 때문에 그는 광야를 사랑하려 한다. 광야는 자아 존재가 거부할 수 없는, 회피할 수 없는 실존의 공간이므로. 광야는 도피할 수 없는 운명으로 맺어진 상대이기 때문에 차라리 사랑을 해버림으로써 극복을 도모한다. 추구한다. 하여 김명자는 마침내 광야를 사랑하는 방법론을 탐구한다.

광야를 사랑하는 방법론의 주요한 기술은 분위기를 형성하는 것이다. 분위기는 마음결을 평화롭게 조율하는 것이다. 그는 풍경을 응시하며 마음을 정갈하게 다스린다. 평화롭게 갈무리한다. 풍경 속에 마음을 틈입하여 서정적 분위기를 생성한다. 그는 풍경 속에서 어떤 의미를 탐구하려 하지 않는다. 그는 풍경과 일체화를 시도한다. 풍경과 존재가 서로 뒤섞여 서정적 분위기를 형성하는데 만족한다. 그의 시는 풍경에 마음을 녹여 감정을 부드럽게 순화하려는 목표를 삼는다. 서정적인 분위기 구축이 목적이다. 하여 김명자의 시는 분위기의 서정시학을 성취한다.

김명자 시인이 가꾸어 놓은 시의 정원에 초대받는다. 시의 집 정원의 풍경을 감상한다. 시인이 이끄는 대로 따라가기로 마음먹는다. 시인의 마음 풍경을 읽기로 한다. 풍경의 마음을 독해하기로 한다. 유유자적 경쾌한 보법으로 산책한다. 시의 정원에 거주하는 식구들이 반겨준다. 눈맞춤으로 인사한다. 미소를 머금고 악수한다. 상큼하게 반갑다. 기꺼울 따름이다.

    새벽을 깨우는 가로등이

    자동차 붉은 등을 적시며 지나간다

    낙엽은 바람에 돌돌 구르고

    하이에나처럼 달려가다

    사자 떼처럼 엉켜 들다가

    쉭- 달아난다

    안개 속 사람들

    보일 듯 보이지 않는 목소리를 감춘다

    미움은 잊힌 문장처럼 벽에 걸리고

    용서는

    묵은 숨 사이에서 풀린다

    골목 안 칼국숫집

    수천만 가닥의 국수가 삶아지고

    국물엔

눈물의 온기가 끓어오른다

김 오르는 그릇 앞에

희미한 얼굴들이 모여들고

말없이 앉은 사람들 사이로

국물은 위로처럼 지핀다

「거리의 산책자 5 - 효자동에서」

    길거리의 풍경이 제시된다. 풍경이 움직인다. 풍경을 따라 시인의 시선이 질주한다 시간은 새벽이다. 새벽의 거리를 자동차가 달려간다. 차창으로 보이는 풍경이 흘러간다. 아니다. 풍경이 자동차를 밀어낸다. 시인을 밀어낸다. 주객이 전도되었다. "가로등"이 달려간다. 바람이 분다. 낙엽이 지상으로 낙하한다. 떨어진 낙엽이 돌처럼 "돌돌" 굴러간다. 배고픈 하이에나처럼 달려간다. 시인은 배고프다. 새벽이다. 사자 떼처럼 먹이를 공략한다. 아뿔싸. 거리의 낙엽이 사라진다. 소멸이다. 하루가, 일상이 시작되는 "새벽"부터 상실이다. 생성과 소멸이 엇갈린다.

    새벽 거리를 달려간다. 바람이 분다. 낙엽은 휴지처럼 뒹굴뒹굴 사라진다. 안개가 자욱하다. 신비롭다. 푸근하다. 거리가 정체불명으로 바뀐다. 세상이 은인자중 겸손해진다. 모두가 포근한 기분에 젖는다. 안개는 사람과 도시와 거리를 적신다. 안온하게 축축해진다. 거리에는 무명씨들이 유령처럼 걷는다. 배회한다. 방황한다. 실명씨들은 존재를 은닉한다. 필부필녀로 만족한다. 소리를 죽인다. 목소리가 잠긴다. 안개 속에 사라진다. 괜찮다. 어차피 세상이 안갯속이다. 인생이 안갯속이다.

  그렇다. 새벽이다. 바람이 분다. 안개가 칠칠하다. 세상이 요요하다. 낙엽이 흩어진다. 인생이 암암하다. 거리가 달려간다. 시간은 가혹하다. 주정차가 없다. 결정적으로 노빠꾸이다. 무작정 앞으로만 달려간다. 풍경을 지우며 돌진한다. 어제를 지운다. 오늘도 지운다. 오로지 내일만 향한다. 시간은 만능 지우개이다. 시간의 엄정한 계율에 복종한다. "미움"을 지운다. "용서"가 안개 속으로 풀린다. 안개는 포용력이 강하다. 안개가 미움과 용서를 악수 시킨다. 사는 것이 안갯속이다.

  거리 끝에 "칼국숫집"이 마중한다. 골목이 구절양장 같다. 칼은 무섭다. 공격적이다. 칼국수는 정다웁다. 칼국숫집 풍경이 선하다. 풍경이 소소하다. 광경이 허름하다. 피곤이 허전하다. 안개에게 배운 기술을 쓴다. 칼국숫집 정경으로 스며든다. 엽차를 홀짝인다. 기다릴 줄 안다. 주방을 그윽하게 바라본다. 파리 몇 마리가 방황한다. 어쩔 수가 없다. 허기를 어르고 달랜다. 시인은 기다린다. 시간은 기다리지 않는다. 사람은 기다려야 한다. 때를 기다릴 줄 알아야 영웅이 된다. 시인은 기다린다.

아궁이에 장작불이 달려간다. 가마솥에 물이 팔팔 끓는다. 안개가 피어오른다. 평화롭다. 국수 다발이 거침없이 투신한다. 직선이 곡선으로 탈 바꾼다. 빳빳함이 유연함으로 변화한다. 국수가 삶아진다. 기다림도 삶아진다. 기다림의 삶도 삶아진다. "삶아진다"는 단어는 슬프다. 삶아! 진다!는 경고장 같이 들린다. 시인은 지기 싫다. 살아남고 싶다. 슬프다. 그래서 국물은 눈물이다. 국물이 비등한다. 눈물이 끓어 넘친다. 눈물의 온기가 끓어오른다. 칼국수는 살아남고자 하는 국물 덕으로 뜨겁다

새벽을 달려온 바람 같은 사람들이 목로에 앉는다. 한 그릇의 삶을 마주한다. 어제를 마감한 바람이 앉는다. 피로가 피어오른다. 오늘을 출발하려는 바람이 앉는다. 생기가 피어오른다. 모두 그릇을 앞에 두고 사뭇 경건하다. 모락모락 김이 피어오른다. 갑과 을의 얼굴을 희미하게 지운다. 눈물이 파들파들 피어오른다. 사람들은 묵묵하다. 국수 맛도 묵묵하다. 시인도 침묵한다. 삶이 묵묵부답이다. 국물을 마신다. 속이 다 시원하고 싶다. 후련하려다가 만다. 삶이 침묵한다. 바람들이 할 말은 많아도 참는다. 후루룩 국물을 마신다. 생의 전신이 위로처럼 후끈 달아오른다. 마음이 낭차짐하다. 살아야겠다. 풍경이 낙낙하다.

새벽강에 서서

경계 없는 수묵화에 머문다

산의 그림자를

안개가 휘돌면

나타났다 사라지는

선의 무희

은하수 옷자락이 감기듯

빛은 여백으로 스민다

구절초 꽃잎에

안개가 스미면

늙은 소나무는

허리를 숙인다

닫혀 있던 세상

안개 앞에 서면

모든 것이

내 안의 삶이 된다

밝아진 세상이 문 밖으로

나를 밀어내고

뒤돌아서는 길목

따듯한 햇살이

등을 데워준다

「안개가 서다」

시인이 새벽 강가에 나선다. 어둠과 빛이 교대를 서두른다. 아니 어둠이 슬금슬금 퇴각 중이다. 빛이 사물들을 불러 깨운다. 어둠에 잠겼던 물상들이 부스스 깨어난다. 풍경이 살아난다. 수묵빛 풍경이 그림이다. 그림이 풍경이다. 잠에서 일어난 강이 흐른다. 강둑을 서성인다. 강가에 자리잡아 머문다. 고요히 흘러가는 강을 바라본다. 미루나무도 강을 바라본다. 팔랑팔랑 잎사귀를 손 흔든다. 강물은 반짝반짝 은비늘로 화답한다. 홀연 경계가 없어진다. 강과 시인이 한 몸이다. 시인이 흘러 흘러간다. 물아일체이다.

강 낯바닥에 얼비친 산이 출렁인다. 산 그림자가 흘러간다. 물안개가 끌어안는다. 물안개가 감싸 안는다. 안개가 등성이 따라 무럭무럭 올라간다. 물 머금은 보자기가 나부낀다. 신선이 사는 풍경이다. 선경이 따로 없다. 무릉도원이다. 아리잠직해진다. 돌연 산이 경계를 드러낸다. 단호하게 선을 그린다. 안개가 허공으로 올라간다. 선녀의 날개옷이 하늘거린다. 선녀가 사라진다. 시인은 나무꾼이 된다. 물안개 보며 우두망찰한다. 은하수도 흘러가 버린다. 감감하다. 어느새 날이 밝았다. 빛이 안개를 소탕했다. 풍경이 따글따글하다.

산등성이를 따라 걷는다. 걸으며 풍경을 방황한다. 풍경 속으로 걸어 들어간다. 풍경의 일부가 된다. 구절초가 마중한다. 아홉 번이나 꺾일 정도로 고집이 세다. 꽃잎은

하얗다. 맑고 순수하다. 순결을 떠올린다. 더러워진 존재가 맑아진다. 세상이 환하다. 안개가 따라온다. 구절초 꽃잎을 포용한다. 안개와 꽃잎이 사랑을 한다. 길가에 노송이 바라본다. 허리가 구부러진 낙락장송이다. 이윽고 허리를 수구린다. 청춘의 사랑에 대한 외경심이다. 부러움이다. 안개가 화답한다. 소나무까지도 포용한다. 풍경이 낭창낭창하다.

안개는 풍경을 가린다. 경치를 숨긴다. 세상이 닫힌다. 세상과 단절된다. 시인이 안개 앞에 바로 선다. 안개 속으로 걸어 들어간다. 안개가 된다. 마음이 빛난다. 마음만이 시인 것이다. 자아만이 반짝인다. 낙낙해진다. 오롯이 나만 생각한다. 천상천하유아독존이다. 흐뭇하다. 나를 충전한다. 밝아진다. 덩달아 세상도 밝아진다. 세상은 마음먹기에 달렸다. 일체유심조一切唯心造이다. 세상이 환하다. 시인도 환하다. 다시 세상으로 나온다. 세상과 시인이 악수한다. 햇살이 저들의 화해를 덥혀준다. 긍정적인 풍경이다.

    햇살이 색칠하는 노둣돌 집

    수선화 지고 작약 핀

    골목에 이르면

    마당가엔 호미질 소리에

    하루가 기운다

금잔화 위로 달빛이 피면

안방 문 나뭇잎 속으로

낡은 그림자 어룽거리고

멀리서 개 짖는 소리,

바람도 새도 드나드는

헐거운 문고리가

밤을 연다


하늘엔 밤바다의 소식을 전하듯

은방울별이 총총거리고

아침 해는 여명을 통과하고

백합 미역국과

조기간장조림 냄새가

담장을 넘는다

섬집 마당엔

바다를 품는 생이 있다

「섬집 마당」

   시인이 풍경을 기억한다. 풍경 속에 기억이 산다. 향수가 깃든 풍경 속으로 찾아간다. 바다 건너 "섬집 마당"을 회상한다. 섬은 그리움이다. 섬은 외로움이다. 섬은 기다림이다. 소금기 가득한 바람을 맞으며 연락선을 탄다. 파도를 타고 흔들리며 나아간다. 삶은 흔들림이다. 파고가 높다. 갈매기가 수평선으로 날아간다. 파랑주의보가 발령된다. 불안하다. 생이 본래 불안하다. 부두에 접안한다. 부두는 떠남과 만남이 엇갈린다. 섬이 출렁인다. 추억이 바람을 탄다.

  섬에 집이 있다. 키가 낮다. 바람을 피하려 함이다. 바람은 맞서는 것이 아니다. 바람은 흘러가게 두어야 한다. 바람은 자유이기 때문에. 바람 속에 햇살이 투명하다. 햇살이 물감처럼 쏟아진다. "노둣돌 집" 지붕 위로 부어진다. 태평하다. 수선화가 새초롬하다. 모시적삼 입은 청상 같다. 작약이 수줍게 웃는다. 신혼으로 달콤한 신부 같다. 화단이 아름다운 집이다. 안주인의 품이 낙낙하다. 마당가 텃밭에 소채가 청청하다. 상추며 솔이며 가지며 물외며 토마토며 호박이 무럭무럭 자란다. 호미질 소리를 들으며 자란다. 노을이 하루를 마감한다. 오늘도 열심히 살았다.

  노랑 주황 금잔화가 쓸쓸하다. 화단의 친구들이 집으로 돌아가 버렸다. 달빛이 위로하듯 쏟아진다. 어둠이 주춤한다. 축복으로 세상이 밝아진다. 바람이 분다. 나뭇잎이 호응하며 박수친다. 저녁 세상이 환상이다. 안방 문창호지에 산국 무늬 선연하다. 청댓잎 무늬 돋을하다. 창호문에 달빛이 어룽거린다. 추억이 넘실거린다. 지나온 시간이 낡아간다. 밤이 스스로 깊어간다. 개가 달을 우러러

짖는다. 적막이 흔들린다. 컹 컹 컹. 억울함 같다. 목이 쉰다. 잠 이루지 못한 시인이 듣는다. 하소연 같다. 세상엔 시인 혼자만이 아니다. 개가 외로움을 짖는다. 알지 못할 누군가와 접선한다. 문고리가 헐겁다. 소통을 원한다. 외로움을 교환한다. 밤이 깊어간다. 외롭지 않다. 깊은 잠이 들 것이다.

하늘에 별이 총 총 총하다. 밤바다에 별빛이 내린다. 빛이 허공을 가득 채운다. 하늘과 바다가 교신한다. 밀어를 속삭인다. 메신저가 은방울별이다. 별이 하늘과 바다의 사랑을 소문낸다. 사랑으로 충만하다. 느꺼운 밤이다. 밤이 깊어간다. 고요하다. 별이 야간 근무를 마친다. 달이 밤의 보초를 해제한다. 달과 별이 숙영지로 귀환한다. 해가 근무를 선다. 새벽 어스름을 뚫고 배치된다. 낮을 관장하는 임무를 부여 받는다.

섬에 아침 식사가 마련된다. 노동을 위한 식탁이다. 백합미역국이다. 백합조개는 고고한 자태를 뽐낸다. 국물이 투명한 우윳빛이다. 담백한 후련함이다. 미역을 섞어 끓인다. 해초의 성근 맛이 배어든다. 파도가 일렁인다. 백합미역국은 황홀이다. 태평양을 건너온 조기가 조려진다. 간장이 슴슴하다. 들킬 듯 말 듯한 비린내가 묘미이다. 조기 살이 연삽하다. 간장조림조기는 뒤집지 않는다. 아니 모든 생선은 뒤집어 발라 먹지 않는다. 어부들의 금기이다.

금기는 지켜진다. 하루의 노동을 위한 밥상이 걸다. 식욕이 불끈하다. 섬집 마당에 바다를 품은 생이 바람을 탄다. 풍경이 짭짤하다. 시인이 요요하다.

    덤불 속 새가 깨어나고
    햇살이 별무리처럼 흩어지는 오후
    물 위엔 윤슬이 초롱하다
    얼음 밑 물결은 잠들고
    마른 갈대꽃이
    낡은 솜털을 날리며 흩어진다

    그때
    솜옷을 입은 엄마가 서 있다
    목화솜 이불을 깁고
    부엌에서 밥 짓던 냄새를
    우리 앞에 내 놓던
    그 모습이
    갈대잎 사이로 옷자락을 붙잡는다

    가끔씩 싸락눈이 내리고
    뒷산 동백은 떨어져도
    갈대의 몸은 밑동에서 다시 돋아난다

뿌리는 흙을 붙잡고

　　보이지 않은 곳에서

　　속잎을 밀어 올리며

　　쓰러진 듯 일어선다


　　봄-

　　갈대 새순이 낡은 가지를 두드린다

「버틴다는 것」

　풍경 속에 추억이 산다. 풍경은 그리움을 발사한다. 풍경은 향수를 촉발한다. 풍경은 과거를 상상토록 유혹한다. 풍경은 유년으로 회귀토록 이끈다. 풍경은 과거의 기억을 되살린다. 마음의 풍경이다. 풍경의 임무는 그리움을 활성화하는 것이다. 아름다운 풍경은 그리운 사람을 소환한다. 돌아가고 싶은 시절을 출두시킨다. 과거와 현재를 악수시킨다. 맛있는 음식을 마주할 때 그러한 것처럼.

　겨울이다. 봄을 기다린다. 겨울에서 봄으로 가는 길에 "버틴다"의 이정표가 서있다. 겨울이 오면 봄이 멀지 않으리. 노래한 시인이 있다. 자연의 순환 이법을 말한다. 계절은 순환한다. 자연의 철칙이다. 버티지 마라. 아니 버텨야 한다. 봄이 달려오는 쏘시개는 기다림이다. 기다리며 버텨야 한다. 봄을 마중하려면 버티기를 지불해야 한다.

늦겨울 오후는 느긋하다. 숲 속의 게으른 새도 깨운다. 햇살은 따스하다. 태양의 존재를 다시금 확인한다. 태양의 고마움을 겨울에야 느낀다.

겨울 강물 위로 물별이 빤짝인다. 이유 없이 한심하다. 멀리 돌아 고향에 온 기분이다. 탕아의 귀향 기분도 이럴까 싶다. 아직 녹지 않은 얼음장 밑으로 강물이 흐른다. 발소리를 죽인 채. 무성영화 자막 같다. 머지않아 봄이 오면 함성을 내지르리라. 시인은 다짐한다. 마른 갈대가 바람에 사운댄다. 석양에 비낀 갈대는 그리움이다. 먼 데를 향해 나아가도록 충동질한다. 기꺼이 그 시절로 돌아간다. 쓸쓸하다. 흐뭇하다. 사념이 석양에 물든다. 마음이 훈훈해진다. 노을을 배경으로 갈대가 나부낀다. 바람이 설왕설래한다.

바람 속에 엄마가 나타난다. 엄마의 환영이 생생하다. 무명솜옷을 입고 있다. 다행이다. 그래도 추워 보인다. 그리움의 주연은 엄마이다. 언제나 동동거리던 엄마이다. '엄마'는 '어머니'보다 젊다. 아니 시인이 어리다. 시인은 새끼이다. 엄마한테서는 젖 냄새가 난다. 어미의 이미지가 울컥한다. 엄마는 식구들을 위해 솜이불을 시침한다. 목화솜이 포근하다. 이불 홑청이 빳빳하다. 단잠이 두근두근 밤을 기다린다. 식구들이 개운해진다. 키득키득 겨울밤이 깊어간다. 새카만 끄름 진동하는 부엌에서 밥이 익는다.

가마솥이 쉭쉭 콧김을 내뱉는다. 아궁이가 불을 지핀다. 엄마는 장작이다. 엄마가 불타오른다. 구들이 뜨겁다. 식구들이 뜨겁다. 엄마를 태워 따스하다. 미안하다. 고맙다.

엄마를 소환한 갈대밭이 구시렁댄다. 마음이 심란하다. 갈댓잎 사이로 엄마가 사라진다. 아쉽다. 다시 그리움이 물밀어 온다. 싸락눈이 흩날린다. 써클하다. 스산한 겨울 풍경이다. 겨울나무들이 수도승처럼 도도하다. 헐벗은 나목들이 암중모색 중이다. 피어오르려 체력을 단련하고 있다. 동백이 봄을 마중하는 첨병이다. 새붉게 피어오른다. 일지춘심을 아는 두견이 운다. 봄이 온다고 통보하는 중이다. 소쩍새도 덩달아 울음 운다. 봄이 조급해진다. 그 사이 동백이 진다. 봄맞이 임무 수행을 완수한다. 봄은 엄마이다. 내년에도 다시 피어오를 것이다.

엄마는 뿌리이다. 모든 존재의 고향은 엄마이다. 엄마는 보이지 않는 곳에서 새끼들을 밀어 올린다. 엄마는 대지이다. 엄마는 흙이다. 엄마는 자양분이다. 새끼는 엄마를 먹고 자란다. 엄마는 사라졌다. 엄마는 사라지지 않았다. 엄마는 영원하다. 엄마는 시인의 마음에 둥지를 틀었다. 엄마는 갈대밭에 산다. 바람이 부는 날 엄마는 환생한다. 갈대가 서걱거린다. 그리움이 보내는 신호음이다. 봄이 온다. 엄마가 온다. 갈대 새순이 돋는다. 반가움이다. 바람 불어 소슬한 날 갈대밭에 간다. 엄마가 웃는다. 엄마가 어서 오라 손짓한다. 갈대밭에 봄이 온다. 엄마는 봄이다.
시인은 봄을 마중한다.

    너

    를

    만

    나

    면

바람이 분다 나무가 몸을 뒤척인다 뿌리 깊은 나무가
돌아온다

꽃잎과 햇살이 숲에서 부딪히고 새들이 노래한다 심
장이 깨어난다

복수초의 얼굴이 숨을 고른다
은사시나무, 우우우~
천 개의 바람이 일어나 훨훨 날아간다

서래봉 웃음소리 단풍에 번지고

밥을 비벼 먹으며 산길을 오른다


자전거가 은빛 물결을 달리고

멀리 한 발로 선 백로가 고개를 접는다


밤 카페테리아에서 커피를 마시며

『Who's Who in the World』 한 줄에

너의 별을 새긴다


선인장 향이 시체스 하늘로 번지고

별빛이 내 이마에 스민다

「시詩」


 시인은 광야에서 삶을 이룬다. 광야는 거칠다. 광야는 허허롭다. 광야는 허무하다. 거친 광야의 삶은 아프다. 광야의 실의를 치유하는 묘약이 시이다. 시인은 광야에서 시를 만난다. 시를 마신다. 시를 먹는다. 시를 끽연한다. 시인이 시를 만나는 과정은 벅차다. 설렌다. 감격이다. "너 를 만 나 면" 과정이 징검다리 같다. 긴장한다. 미끄러질까 두렵다. 글자마다가 징검다릿돌 같다. 세찬 물살에도 견디는 징검다리. 밟힐수록 신나는 징검다리. 피학

적인 돌다리. 두 팔을 벌려 균형을 잡는다. 어깻죽지 날개를 펼친다. 하낫두울서이너이 구령 따라 징검다리를, 광야를 건너 시를 만난다.

시는 바람이다. 우주의 숨이다. 지구의 호흡이다. 바람이 시이다. 인생이 바람이다. 바람은 자유롭다. 바람은 정처가 없다. 바람은 행로가 묘연하다. 바람이 신비롭다. 시가 태어난다. 바람이 분다. 나무가 호응한다. 기꺼이 나뭇잎을 뒤척인다. 바람을 환대한다. 바람은 스쳐 사라진다. 시가 죽는다. 시를 그리워한다. 바람을 그리워한다. 뿌리가 굳건하다. 뿌리는 바람을 기다린다. 뿌리는 시를 그리워한다. 나무가 모여 숲을 이룬다. 시가 모여 마음을 나부낀다. 시의 숲에서 마음이 펄럭인다.

시의 세상은 환희로 부산하다. 꽃잎과 햇살이 연애한다고 광야가 와자지껄하다. 세상이 휘황하다. 새들도 응원하느라 목청이 쉰다. 삐이 삐이 삐 삐 뱃종 뱃종. 시인의 마음도 활짝 열린다. 복수초도 화끈 달아오른다. 은사시나무도 함성으로 분위기를 돋운다. 기다렸다는 듯이 바람이 분다. 이골 저골 바람이 우하니 궐기한다. 봉기한다. 나무들의 잔등을 토닥이며 날아간다. 숲을 일렁이고 사라진다. 시가 돋아난다. 숲이 창궐한다.

바람이 서래봉에 다다른다. 숲의 연애 소식을 전달한다. 서래봉 노총각 굴참나무가 크크크 웃는다. 홀아비 가

문비나무도 미소를 머금는다. 노인네 장송이 잔치국수를 기다린다. 숲의 식구들이 환호한다. 일제히 만세 부른다. 연애 소식으로 환희작약이다. 축하연이 열린다. 주흥으로 흥겹다. 길손 다람쥐도 참여한다. 직박구리와 물까치도 한 곡조 공양한다. 과음한 단풍이 알싸하다. 숲이 온통 불콰하다. 시인도 숲이 베푸는 주연에 동참한다. 산길을 오른다. 숲으로 간다. 덩달아 숲이 된다.

자전거를 달린다. 길이 달린다. 시인이 달린다. 들판이 은빛 물결을 일으킨다. 풍경이 날린다. 달리는 풍광이 맑다. 시원하다. 강이 달린다. 전봇대가 달린다. 길가의 은행나무가 달린다. 정자가 나타난다. 느티나무가 옛날 같이 늙었다. 당산나무 아래 모정이 서늘하다. 쉬어가기로 한다. 풍경이 파노라마다. 전경과 측경과 후경이 모조리 시원하다. 훤하다. 후련하다. 멀리서 누군가 시인을 바라본다. 한 발로 선 백로이다. 의연한 외로움이다. 고독한 방랑객이다. 백로가 시인이다. 시인이 백로이다.

방랑인지 방황인지 모를 일정을 마감한다. 카페에 들른다. 커피향이 흐른다. 커피는 씁쓸하다. 커피는 달콤하다. 커피가 이율배반적이다. 인생도 이율배반적이다. 희망과 절망이 섞여 있다. 삶에는 악마와 천사가 공존한다. 인생은 빛과 그림자이다. 사랑과 전쟁이 한 몸이다. 마르퀴스 인명사전에 남을 인생을 새긴다. 필생의 시를 적는다. 시는 별이다. 별은 시이다. 어둠을 반짝이는 등대이다. 별은 선인장이다. 사막을 견딘 선인장 향이 별을 향해 날아간다. 별이 화응한다. 하늘과 땅이 포옹한다. 별빛이 무더기무더기 쏟아진다. 시인의 이마에 별빛이 내린다. 축포처럼 쏟아진다. 별이 시인이다. 시인이 별이다. 창공에 별이 빛난다. 세상에 시인이 반짝인다. 황홀한 밤이다.

돌개바람이 고비를 휘감는다
별빛은 어둠의 골짜기로 사라지고
나는 사막의 문을 다시 연다
해질녘 바람이 구름을 몰아가고
구름은 사막에 빛과 어둠을 갈기처럼 펼친다

낙타를 끄는 말잡이와
능선을 오르는 무리를 본다
사구를 오르며
발길이 모래 길을 가르고
모래 길은 다시 발등을 덮는다

길 위에 또 다른 길 앞에 서서
그대의 사랑의 깊이를 걷는다
사랑은 기억 속에서 익는다

이제 나는 배운다

그대 없는 광야를 사랑하는 일이

곧 그대를 사랑하는 일임을

고비 바람이 등을 밀면

그대가 내 가슴에 안긴다

「광야를 사랑하는 법」

광야는 말 달리는 곳이다. 광야는 황량하다. 시원하다. 암울하다. 상쾌하다. 광야는 세계 곳곳에 산재한다. 약육강식이 지배하는 곳이 광야이다. 인간의 욕망이 들끓는 곳이 광야이다. 사랑이 흘러넘치는 곳이 광야이다. 자본이 자본을 탐하는 곳이 광야이다. 물질이 물질을 반성하지 않는 곳이 광야이다. 평화가 샘솟는 곳이 광야이다. 노동이 노동을 사랑하지 않는 곳이 광야이다. 승자독식 원리가 적용되는 곳이 광야이다. 자유가 만개하는 곳이 광야이다. 자연의 섭리가 운행되는 곳이 광야이다. 우리가 사는 지구가 광야이다. 우리가 삶을 이루는 장소가 광야이다. 광야에 너와 내가 산다.

시인이 고비 사막을 방랑한다. 회오리바람이 마중한다. 사막이 모래먼지를 휘감아 돌린다. 느닷없다. 시야가 암암하다. 인생이 가뭇없다. 평지풍파다. 삶이란 한 치 앞도 볼 수 없다. 불길하다. 예감은 불운과 친하다. 난데없는 돌개바람이 어이없다. 세상의 풍경이 암울하다. 별빛도 사라진 밤이다. 길이 어둠에 잠긴다. 세상이 암흑이다. 더듬더듬 길을 간다. 시인은 사막의 문을 연다. 용감해야만 한다. 사막의 삶을 시작한다. 눈을 감지 않는다. 풍경으로부터 도피하지 않는다. 정면 돌파를 택한다. 삶의 정공법이다.

  해가 기운다. 저물 무렵이 쳐들어온다. 지평선에 뉘엿뉘엿 땅거미가 내린다. 사구에 음영이 깃든다. 삶의 우여곡절 같다. 노을 비낀 구름은 찢어버린 연서 같다. 홀가분하다. 안쓰럽다. 허망하다. 우주에서 불어온 바람이 구름을 몬다. 구름이 빗살무늬 같다. 구름이 사막에 빛살 커튼을 친다. 빛과 어둠이 쟁투한다. 어둠과 빛이 키스한다. 빛과 어둠이 펼치는 사랑과 전쟁이다. 인생이 사랑과 전쟁이다. 광야의 사막을 달린다. 말 달린다. 갈기가 바람에 나부낀다. 풍경이 달린다. 시인이 달린다.

  시인이 사막을 바라본다. 광야를 바라본다. 낙타를 바라본다. 슬픔의 운명을 바라본다. 운명의 슬픔을 바라본다. 낙타의 눈망울이 순결한 슬픔이다. 말잡이를 바라본다. 흰 두건이 순결하다. 하얀 토브가 얼룩덜룩 피곤하다. 낙타와 말잡이가 사막을 간다. 능선을 오른다. 모래사막의 능선이 요염하다. 여인의 곡선을 연상한다. 무리가 줄을 지어 나아간다. 무성의 장면이다. 무리가 숙명처럼 뒤따른다. 시인도 뒤따른다. 푹푹 빠지는 사구를 건넌다. 모래 길을 걷는다. 시인이 가는 길이 길이다. 사상누각이다. 아니다 사상도로이다. 모래 위의 길이 지워진다. 바람이 지운다. 사라진다. 인생이 가뭇없다. 제행무상諸行無常이다.

 시인이 길을 간다. 지워진 길을 간다. 길을 찾아 길을 간다. 새로이 길을 낸다. 길이 지워진다. 지워질지라도 길을 간다. 그대가 나아간 길을 간다. 앞서간 그대를 추억한다. 반추한다. 회상한다. 그대가 앞서 낸 길을 간다. 사랑이 길을 낸다. 그대기 낸 길을 기억한다. 길이 사라지고 기억이 남는다. 사랑으로 낸 길을 기억한다. 그대 사랑이 기억 속에서 익는다. 부글부글 발효한다. 얼큰하게 익는다. 그대 사랑이 시인을 취하게 한다. 시인이 도취한다. 인생이 취생몽사이다.

 시인은 배운다. 그대를 배운다. 사랑을 깨닫는다. 인생을 깨우친다. 시인은 수행자이다. 그대는 사막이다. 사막을 오체투지하며 깨달음을 얻는다. 그대는 광야이다. 광야를 방랑하며 사랑하는 법을 학습한다. 고비 사막에 모래바람이 분다. 운명처럼 바람이 분다. 내일도 모래바람이 불 것이다. 방향 없는 바람이 불 것이다. 광야에 모래바람이 자욱하다. 사랑이 흐릿하다. 향방 잃은 시인이 방황한다. 사랑이 깜박 깜박인다. 시인이 바라본다. 모래바람이 풍경을 지운다. 사랑을 지운다. 시인의 마음 속 풍경은 지워지지 않는다. 시인의 사랑이 살아남는다. 시인이 사랑이 사막을 적신다. 광야가 초록초록하다. 세상이 고적하다. 화평하다.

　김명자 시인이 설계해서 지은 시의 집을 탐방했다. 시집의 풍경은 스산했다. 바람이 궐기했다. 방랑하기 좋았다. 새벽은 서늘했다. 산책하기 즐거웠다. 노을은 불쾌했다. 취생몽사였다. 시집의 광야는 울울했다. 안개가 창궐했다. 사막은 창창했다. 이슬이 은근짜로 내리곤 했다. 광야는 무위지도無爲之道였다. 골목은 된장국 내음이 진동했다. 구름이 내려와 식탁에 앉았다. 섬은 온종일 칭얼거렸다. 갈매기가 맴돌았다. 시장은 구구절절했다. 사람들이 묵언을 수행했다. 정원에 꽃들이 앞다투어 피어났다. 꽃밭에 꽃들이 일필휘지로 스러졌다. 슬펐다. 아름다웠다. 무위유위無爲有爲였다. 김명자 시인이 찰칵찰칵 광야를 촬영했다. 인화된 풍경이 쓸쓸했다. 황홀했다.

　김명자 시인이 『광야를 사랑하는 법』에서 언어로 촬영한 광야의 풍경은 사실 자신의 내면을 인화한 것이다. 그는 내면의 광야를 산책, 소풍, 방황, 여행, 방랑하는 취미가 있다. 그는 마음의 도화지에 세상의 풍경을 화구로 기쁨, 슬픔, 분노, 용서, 좌절, 소망, 권태, 기대, 우울, 환희를 선명하게 그려낸다. 풍경인문학이다. 예컨대 그는 자아 존재의 마음 풍경을 서정적으로 읽고 쓰고 그리고 조형

하는 데 능숙하다. 시인이 터득한 광야를 사랑하는 비법이 존재와 세계를 환하게 밝힐 것이다. 김명자 시인이 필경 내일도 무위자연無爲自然의 광야를 더욱 치열하게 방랑하리라 기대한다.

시인 김명자

광주에서 태어났다.
전북대학교 대학원 국어국문학과에서 문학석사를 취득했다.
2021년 『표현』에 시 「갑천 거미」로 등단하였으며, 같은 해
『수필과비평』에 수필 「사자바위에 핀 장미」로 등단하였다.
국제PEN한국본부, 한국문인협회, 전북문인협회,
전주문인협회, 전북시인협회, 석정문학회, 가톨릭문우회,
고하최승범문학기념사업회 회원으로 활동하며
문학 현장에서 다양한 세대와 깊이 호흡하고 있다.
현재 '작가와문장문학회' 회장으로 활동 중이다.
※ sjmjkim@hanmail.net

시간의물레詩選 29
## 광야를 사랑하는 법

초판인쇄 2025년 11월 15일
초판발행 2025년 11월 20일
시　　인 김명자
발 행 인 권호순
발 행 처 시간의물레
등　　록 2004년 6월 5일
주　　소 경기도 파주시 숲속노을로 150, 708-701
전　　화 031-945-3867
팩　　스 031-945-3868
전자우편 timeofr@naver.com
블 로 그 http://blog.naver.com/mulretime
홈페이지 http://www.mulretime.com
I S B N 978-89-6511-578-6 (03800)
정　　가 15,000원

* 이 책 내용의 전부 또는 일부를 재사용하려면 반드시
　지은이와 출판사의 동의를 얻어야 합니다.
* 잘못된 책은 바꾸어 드립니다.